DISCOURS

DE

M. ULYSSE PIC

AU BANQUET D'AUTUN.

LETTRES A PLUSIEURS JOURNAUX. --- OPINION DE M. DE
LAMARTINE. --- LETTRE A M. DE LAMARTINE.

M. DUVERGIER DE HAURANNE,

A VOL D'OISEAU.

AUTUN

IMPRIMERIE DE MICHEL DEJUSSIEU, 4, GRAND'RUE.

1847

DISCOURS

DE M. ULYSSE PIC,

ancien Rédacteur en chef de l'UNION LIBÉRALE de la Nièvre,

AU BANQUET D'AUTUN.

Messieurs ,

Dans ce patriotique pays Nivernais, votre voisin , il y avait une fois un pamphlétaire dont le nom est resté dans le souvenir de plus d'un d'entre vous. Il s'appelait Claude Tillier. Quant à moi, je ne prononce jamais sans émotion le nom de ce vieil ami que je n'ai pourtant jamais connu. Claude Tillier entreprit un jour un petit livre pour prouver que la Révolution de Juillet n'avait pas existé. « Non , s'écriait-il , en comptant les misères croissantes et les lâchetés du pouvoir , en voyant les bastilles s'élever et la France descendre; non , vous n'avez pas fait une révolution, et ce n'est là qu'un rêve qui est passé sur le front de la patrie ! » (Applaudissements.)

Notre pamphlétaire parlait ainsi il y a cinq ans , messieurs, et chaque jour le rêve s'est effacé davantage, et aujourd'hui nous restons en présence d'une réalité qui ne permet plus d'illusion à personne.

Autrefois, et je ne parle pas d'un long temps, nous vivions sous l'empire du droit divin; le pays pliait sous le faix des charges publiques, la corruption ravageait le corps électoral, la presse traînait les ciseaux de la censure pendus à ses ailes, les gentilshommes étaient partout, jusque dans la garde-robe (on rit), les Jésuites catéchisaient (nouveaux rires), et comme toujours le peuple chantait et payait. (Applaudissements.)

Qu'y a-t-il de changé? Le gouvernement à bon marché, messieurs, coûte-t-il moins cher que l'autre? (Rires unanimes.) Les lauriers de M. de Villèle doivent-ils empêcher M. Duchâtel de dormir? La presse a-t-elle gagné quelque chose à échanger contre le bâillon des lois de septembre les ciseaux que Louis XVIII avait confiés à M. Guizot revenant de Gand? (Bravo! bravo!) Les Jésuites font-ils moins de miracles? (Explosions de rires.) Les gentilshommes de ce temps-ci valent-ils mieux, pour avoir troqué la chevalerie de l'élégance et du courage contre la chevalerie du vol et de l'assassinat!.. (Sensation.) Enfin, le peuple paie-t-il moins.... et chante-t-il davantage? (Hilarité prolongée.)

Ah! messieurs, notre Claude Tillier avait raison : « Il n'y a pas eu de Révolution de Juillet. » Ne voilà-t-il pas un demi-siècle que la France de 89 se laisse conduire à tout venant, toujours confiante, patiente et docile, donnant à qui veut les prendre ses sueurs, ses trésors, son sang; criant Vive le Roi! vive l'Empereur!.. et vive la Ligue!.. car nous avons crié tout ce qu'on a voulu, les Autrichiens, les Prussiens et la Sainte-Alliance. (Sensation.) Un jour, l'un dit à la France : Avec toi je vais conquérir le monde, mais il me faudra ton dernier écu et ton dernier fils. Elle a répondu : Marchons! On peut voir la trace de ses pas sur tous les chemins de l'Europe; elle a versé assez de sang pour combler le lit d'un fleuve; elle a donné en souriant son dernier écu et son dernier fils. (Applaudissements prolongés.)

A cela, messieurs, qu'a-t-elle gagné? la Restauration, la charte octroyée, de nouveaux maîtres. Elle s'est remise à la charrue. Après avoir tracé le sillon de la gloire, elle a tracé le sillon de la honte (sensation).... sans bruit...., sous la surveillance de la haute police des puissances étrangères.... (Douloureuse émotion dans l'assemblée.) Les Cosaques l'ont couchée sur le lit de Procuste ; ils ont violé sa pudeur et sa gloire ! Les Jésuites l'ont confessée et lui ont donné l'absolution, non sans pénitence préalable... (hilarité), et elle s'est laissé faire, car elle est bonne fille... comme la Lisette de Béranger. (Longs applaudissements.)

Puis, un matin, s'ennuyant, elle a culbuté un trône (bravos); mais tant elle est d'humeur facile et point turbulente, quoi qu'on en dise, elle a bâclé tout cela en trois jours. (Bravo ! bravo !) Les premiers qui passaient par là ont escamoté les places vides... (Bravo!) et la France s'est laissé faire encore. Alors, pour la distraire on a parlé d'expérimenter un régime à l'anglaise appelé par Montesquieu « la merveille de l'esprit humain. » Il y a dix-huit ans qu'on expérimente la merveille. Or, voici qu'au bout de son attente, le pays se lève enfin... Il fait le bilan de ce demi-siècle écoulé, et tout bien compté, où en sommes-nous? Un peu moins avancés qu'il y a soixante ans, vers les derniers jours de Louis XV, entre un règne qui finit et une révolution qui commence! (Applaudissements prolongés.)

Est-ce assez comme cela, messieurs ? A-t-on assez abusé de notre patience ? Les puissances commenceront-elles enfin à se demander compte à elles-mêmes de leur effrayante instabilité ! Pourquoi tous les pouvoirs, sous quelque forme qu'ils se soient constitués jusqu'à ce jour, ont-ils toujours porté en eux-mêmes des germes indestructibles de corruption et de mort? Pourquoi ces chutes précipitées, et ces gouvernements qui se succèdent et passent, chassés l'un devant l'autre comme les flots de la mer? Où sera le remède ? Comment prévoir et conjurer pour l'avenir ces crises permanentes qui tiennent les sociétés incessamment suspendues sur l'abîme des révolutions ?

A cela j'entends M. Dupin répondre au comice de Clamecy, et M. Odilon Barrot répéter à chaque banquet, « qu'il faut mettre la moralité à l'ordre du jour; que le » pouvoir doit courir après les honnêtes gens s'il veut » conserver l'estime et la confiance publiques. » Et là-dessus on se met à prêcher de magnifiques sentences.

Certainement, messieurs, il sera toujours très bon de prêcher aux hommes l'honnêteté, la droiture, la probité. Cela ne peut que contribuer à rendre plus douces et plus faciles les relations sociales, mais cela ne saurait faire disparaître le vice qui se cache au fond de ces relations. (Marques d'assentiment.)

On a prêché de tout temps. Est-ce que les sermons manquèrent aux pouvoirs tombés? Est-ce que Bossuet, Bourdaloue, Massillon, Fléchier et le père Guyon, — dont les journaux viennent tout-à-l'heure de nous annoncer la mort; Dieu ait son âme! (rires) — prêchaient moins bien les rois et les ministres que ne le font aujourd'hui M. Dupin, M. Duvergier de Hauranne, M. Odilon Barrot et les prédicateurs de nos deux chambres? (Applaudissements et rires prolongés.)

Il y a longtemps que Massillon disait aux courtisans et à Louis XIV lui-même, parlant à sa personne, à sa perruque et à son soleil (hilarité) :

« Vos mœurs sont le poison qui gagne les peuples.
» C'est vous seuls qui donnez à la terre les corrupteurs
» des mœurs publiques; c'est vous seuls qui les protégez,
» qui les récompensez, qui leur ôtez, en les honorant, le
» caractère de honte et d'infamie qui les flétrirait aux
» yeux des hommes. »

Ces sages discours, dont la hardiesse ne serait pas tolérée aujourd'hui devant les princes, ont-ils empêché la corruption d'aller son train infâme, les courtisans de continuer leurs scandales, les ministres de s'engraisser de la fortune publique et les trônes de s'abîmer sous les pavés populaires? (Applaudissements.)

Non! non! ce n'est pas avec des sermons qu'on refait les sociétés (applaudissements), mais avec des réformes sérieuses, avec des institutions fondées sur des principes immuables.

M. Odilon Barrot et M. Duvergier de Hauranne auront beau prêcher et sermonner (rires) : des institutions qui consacrent les priviléges de la naissance et de la fortune usuraire, le privilége de l'oisiveté, l'exploitation de l'homme par l'homme, des institutions qui consacrent de telles impiétés, ne vous donneront jamais qu'une moisson de vices et de crimes ! Ni les préceptes de la philosophie, ni les enseignements de la religion, ne suffiront à moraliser la société si les institutions ne leur viennent en aide.

Sous quelque latitude qu'il naisse, quelque vivifiants rayons et quelque fraîches brises que le ciel verse à son feuillage, jamais le mancenillier, qui porte dans sa sève des poisons mortels, ne donnera des fruits purs et bienfaisants. (Applaudissements prolongés.)

Messieurs, les bons esprits, et Dieu merci le nombre s'en accroît chaque jour en France, commencent à comprendre cette vérité. On s'aperçoit qu'il est temps enfin de sortir du cercle vicieux où nous avons tourné jusqu'à ce jour, pour aborder résolument le terrain des réformes politiques et sociales. Les partis les plus arriérés euxmêmes, sous peine de mourir de décrépitude, sentent le besoin de faire des concessions à cet élan qui entraîne notre époque. C'est ainsi que le centre gauche, héritier en expectative du 29 octobre et héritier très légitime, j'en conviens (on rit), arbore bravement la cocarde du progrès sur le chapeau de M. Odilon Barrot et de M. Duvergier de Hauranne, et voici que ces *ouvriers de la douzième heure* s'en vont soulevant le pays au nom d'une certaine réforme électorale que je vous demande la permission d'appeler *réforme capacitaire,* pour éviter les confusions. (Hilarité.)

Eh bien ! soit, messieurs, acceptons cette réforme même avec toutes ses restrictions ; acceptons-la comme la première étincelle, comme le premier rayon du progrès à venir. Donnons à la réforme du centre gauche notre concours le plus actif, faisons circuler ses listes, signons-les des deux mains.

Quelque frêle que soit ce grain jeté dans les sillons, confions-le au souffle puissant de l'opinion publique. Elle saura bien le féconder.

Mais aussi, messieurs, quand nous aurons donné cette preuve de notre bonne volonté, quand nous aurons ainsi montré notre désir d'éviter des divisions que quelquesuns pourraient considérer comme funestes, quand nous aurons fait cela, nous autres hommes de la démocratie, nous demandons qu'usant vis-à-vis de nous de la même tolérance dont nous usons vis-à-vis des autres, on nous permette de poser nettement nos réserves. (Oui! oui! oui!) Est-ce trop exiger? (Non! non!)

La réforme en question peut être considérée à deux points de vue :

Comme avénement d'un principe ;

Comme avénement d'un parti.

Le principe, nous le saluons de toutes nos sympathies ; le parti, c'est différent. (Rires et applaudissements.)

Nous autres hommes du progrès, amis illimités de toutes les libertés possibles, nous ne pouvons oublier que le parti qui se présente à nous sous le couvert de la réforme électorale est le même qui, pour nous servir des expressions d'un de nos amis, a abaissé la souveraineté de la nation par la loi de régence, étouffé la liberté entre les murs des bastilles et étranglé la presse avec les lois de septembre. (Applaudissements.)

Il faut, messieurs, que cette distinction soit bien entendue. Il faut bien qu'on sache qu'en acceptant la réforme qu'on propose, nos vœux et nos espérances la dépassent de toute la largeur dont l'Océan dépasse ses rivages. (Bravo!)

Mais, j'y songe, messieurs, puisque vous vous montrez si indulgents, puisque je reçois de vous un accueil si inattendu, j'ai bien envie de vous dire toute ma pensée sur cette réforme dont on fait en vérité beaucoup trop de bruit. (Oui! oui! parlez! parlez!)

J'y suis : Messieurs, la question de la réforme, telle qu'elle est posée par la gauche et le centre gauche unis dans un si touchant accord, a été débattue à la tribune. Eh bien! je trouve qu'on l'a parfaitement caractérisée quand on a dit qu'elle n'aurait d'autre résultat que de constituer dans le corps électoral un nouvel ordre de solliciteurs. Je crois même qu'on a dit un nouvel ordre de mendiants.

Qu'est-ce, en effet, que ces capacités qu'il s'agit d'introduire dans l'élection ?

Des capacités brevetées, diplômées, timbrées ?

Messieurs, y a-t-il beaucoup d'électeurs à ce banquet? (Oui, oui.) Je vous prie de croire que je ne m'en suis pas informé avant de venir vous visiter (on rit); mais enfin, puisqu'il y a des électeurs ici, j'en suis bien aise. Je désirerais, si je ne suis pas trop indiscret, leur demander combien on pourrait compter parmi eux de ces sortes de capacités que recherche M. Duvergier de Hauranne. (On rit.) Parmi les électeurs présents, combien de brevets et de diplômes? Combien qui aient reçu la collection complète des sacrements universitaires? (Hilarité prolongée.) Y en a-t-il bien dix sur cinquante? (Non! non!) Non, n'est-ce pas? Eh bien! voyez un peu : je suppose que, par un accident quelconque, vous qui êtes électeurs aujourd'hui, vous veniez à descendre demain de quelques centimes au-dessous du cens, qu'arrivera-t-il?

Il arrivera que vous tous qu'on trouve aujourd'hui si parfaitement intelligents, si parfaitement capables (surtout quand vous votez pour certains candidats), vous serez tout-à-coup, n'étant ni brevetés, ni timbrés, dépouillés de votre capacité et de votre intelligence, et exclus du corps électoral! (C'est cela! c'est cela!)

Eh bien! messieurs, trouvez-vous cela un beau progrès, bien digne de votre concours? (Non! non!) Est-ce qu'il change quelque chose à votre situation? Est-ce qu'il ne vous laisse pas absolument dans les mêmes conditions où vous vous êtes placés par la loi électorale actuelle? Est-ce que cette réforme tend le moins du monde à vous consolider dans votre position présente, dans vos droits de citoyens? (Non! non!)

Voilà, en ce qui vous touche personnellement, messieurs, quels doivent être les bénéfices de la réforme capacitaire. Mais loin de nous des préoccupations égoïstes, et si la réforme électorale doit avoir ailleurs quelque salutaire effet, il faut, il est juste qu'elle puisse compter sur nos sympathies.

Cherchons donc :

Serait-ce que l'introduction d'un certain nombre de nouveaux venus dans le corps électoral aurait pour effet de paralyser en les divisant les ressources de la corruption? Evidemment, messieurs, cela ne saurait être soutenu surtout par les hommes qui prétendent que le suffrage universel lui-même ne saurait atteindre un tel résultat.

Espèrerait-on du moins que les nouveaux venus, les avocats sans cause, les clercs diplômés, les brevetés des écoles royales, éprouveront moins que les autres le besoin de devenir substituts, notaires, ingénieurs, directeurs, inspecteurs et le reste? (Longue hilarité.)

Messieurs, je ne veux offenser personne, et je vous laisse le soin de résoudre cette question avec l'expérience que vous avez des mœurs de ce temps-ci. (Assentiment.)

Quant à moi, je ne vois dans la réforme qu'on propose qu'un but, celui d'ouvrir la voie aux nouveaux partis qui veulent arriver; qu'un résultat, celui d'étendre encore davantage la plaie de la corruption. (Bien! bien! c'est cela.)

Il y a en effet au sein du pays une jeunesse intelligente et saine qui vit loin de la honte du temps, qui est libre et pure, qui se passionne pour les idées généreuses et qui entretient le feu sacré au sein du pays. Elle est l'espoir de la démocratie française, le sourire de l'avenir.

Que Dieu la garde des priviléges qu'on lui offre! Ils ne feraient que l'entraîner dans une sphère où règne la contagion de l'égoïsme, de la cupidité, des appétits matériels et des plus viles passions! (Bravos prolongés.)

Jeunes gens, repoussons ces présents funestes; ce sont les présents des Grecs! (Bravo! bravo!) Pas de privilége, même pour nous. Il n'en est qu'un que nous confèrent l'intelligence et la jeunesse : celui d'être, s'il se peut, plus dévoués à la patrie et de lui faire plus de sacrifices; mais nos droits ne sont pas autres que ceux de nos frères, et revendiquer pour nous un privilége, ce serait revendiquer et consacrer une usurpation. (Longs applaudissements.)

Messieurs, je n'en ai pas fini avec le centre gauche et sa réforme, si vous voulez bien le permettre. (Hilarité : parlez! parlez!)

Je m'adresse maintenant aux hommes modérés; à ceux qui ne sont point dans cette enceinte, car tous ceux qui ont eu le courage de venir s'asseoir à ce banquet sont, bien entendu, des anarchistes et des révolutionnaires.

C'est convenu. (Rires ironiques.) Je m'adresse, messieurs, aux hommes qui, quoique timides et n'osant ouvertement montrer leurs convictions, ce qui est fort déplorable, sont pourtant bien intentionnés et gémissent des atteintes portées par le pouvoir à ce que le *Siècle* appelle « la pureté de nos institutions. »

Ceux – là, messieurs, qui n'ont aucun goût pour les larges réformes de la démocratie, qui s'appellent encore libéraux tout simplement, comme sous la Restauration, et ne demandant pas autre chose que « la sincérité du gouvernement représentatif, » eh bien, ceux-là même peuvent – ils compter que l'avénement des réformistes *capacitaires* réalisera leurs espérances? (Non ! non !)

Vous le niez, messieurs, et vous avez raison. J'ai montré tout-à-l'heure combien le passé des hommes des bastilles était une mauvaise caution pour leur avenir, je vais être maintenant plus explicite et vous dire ce que cet avenir nous réserve. J'ai un peu vécu dans l'intimité de certaines gens fort au courant. (Vive attention.)

« Le pays, se disent – ils, est fatigué de ses fonctionnaires actuels. Mêlés avec trop d'ardeur aux tripotages électoraux, ils se sont compromis, discrédités. Le parti libéral qu'ils ont fait échouer dans la plupart des colléges, nourrit contre eux de vives rancunes. Eh bien, on fera une razzia, une Saint-Barthélemy de fonctionnaires. Le coup sera hardi ; il étonnera et donnera une éclatante satisfaction aux mécontentements publics. Or, la razzia fera un large trou. C'est merveille ! Par là nous ferons passer nos amis, nos partisans, toute notre clientelle, et nous nous donnerons ainsi une éclatante satisfaction à nous-mêmes et à nos propres intérêts. » (Rires ironiques. Bravo ! c'est cela !)

Voilà, messieurs, le chef-d'œuvre que méditent ces profonds politiques. (Oui ! oui ! nouveaux rires.) Avec cela, comme le pays sera avancé et le peuple content ! Comme cela nous soulagera de l'impôt et des charges qui nous accablent ! Comme cela fera refleurir la morale publique !

Les nouveaux arrivés, messieurs, recommenceront le chemin des autres, dans les mêmes broussailles, dans la même corruption. (Oui, oui!) Si la dignité extérieure de la France l'exige, ils tireront bravement un coup de canon à Beyruth, mais ils replieront soigneusement les voiles et la paix du monde ne sera pas troublée. (Rires ironiques. Bravo! bravo!)

Quant aux dégommés, passez-moi le mot, ils reconstitueront l'opposition. Ce sera leur tour alors de plaider pour la morale publique. Qui sait? La coalition reparaîtra, et M. Guizot, recommençant ses brochures, sera le premier patriote du royaume. (Applaudissements prolongés.)

Messieurs, je désire que vous soyez bien convaincus que je ne hasarde ici aucune assertion téméraire. (Non! non!) Que le parti des prétendants nous montre son programme! (Oui, oui, c'est cela!) Je poserai seulement quelques questions :

Quelles réformes a-t-il préparées à l'intérieur?

L'industrie ravagée par une concurrence sans frein se tourmente à la recherche d'une organisation qui concilie l'ordre et la liberté; êtes-vous prêts?

L'hypothèque pèse d'un poids intolérable sur la propriété; tenez-vous en réserve une réforme du régime hypothécaire?

L'usure dévore les populations agricoles; êtes-vous à même d'y porter remède?

Nous apportez-vous des garanties contre les accaparements?

Une loi sur la banqueroute, la plus grande immoralité et l'un des plus sinistres fléaux de notre époque?

Une loi sur le recrutement? Etes-vous résolus de faire disparaître cette inégalité impie qui permet au fils du riche d'acquitter avec de l'or le tribut que le fils du peuple paie avec son sang? (Applaudissements.)

Avez-vous préparé le remaniement de l'impôt sur de nouvelles bases; sa conversion d'impôt proportionnel en impôt progressif?

Dégrèverez-vous complètement ceux qui ne peuvent satisfaire aux exigences du fisc qu'en se retranchant une partie du nécessaire?

Ferez-vous disparaître enfin cette monstrueuse iniquité

d'un impôt dont les classes laborieuses paient les sept dixièmes? (Approbation.)

Vos préfets s'abstiendront-ils d'intervenir dans l'élection ?

Régulariserez - vous l'avancement dans les services publics ?

Ferez-vous disparaître le népotisme et l'abus des influences dans la distribution des emplois et des faveurs?

Éconduirez-vous les députés qui viendront solliciter pour eux, pour leurs électeurs, pour leurs neveux, et cætera ? Il est très vrai que vous critiquez admirablement tout cela chez les autres; mais quand vous étiez au pouvoir avez-vous fait autrement? Non ! — Donc, puisque votre passé ne peut vous servir de garantie, qui nous répond de vous? Vos paroles? Faites-les du moins contresigner par vos patrons, s'ils en acceptent franchement la solidarité ! (Très bien! très bien !)

Maintenant, passons à l'extérieur :

La question de l'alliance anglaise, voilà votre champ de bataille! Eh bien! que dites-vous? Qu'une politique aussi lâche qu'insensée sacrifie en tous lieux et à tous propos nos intérêts commerciaux et industriels et la dignité de la France? Que dans tous nos différends avec la Grande-Bretagne, l'oiseau des Gaules, châtré par nos gouvernants, a laissé ses plus belles plumes aux griffes du léopard; que sur les mers la majesté de notre pavillon où s'abrite l'honneur national a souffert des affronts qu'elle n'avait jamais connus; que l'entente cordiale nous a fait en pleine paix plus de blessures que nous n'en reçûmes jamais sur les champs de bataille?... C'est bien! Mais vous qui convoitez la succession du ministère, êtes-vous résolus du moins à répudier l'héritage de la honte? (Très bien! très bien !) Le jour qui vous verra mettre le pied sur les marches du pouvoir, ce jour vous verra-t-il tirer l'épée pour venger les outrages de la France ? (Applaudissements.)

L'Italie, ranimée au souffle fécond d'un apôtre du Christ, s'éveille et nous appelle du haut du mont Aventin. C'est Spartacus qui rompt ses fers ! Fils de la Révolution de Juillet, fils de la liberté, laisserez-vous les baïonnettes autrichiennes égorger en paix les patriotes Italiens ? (Douloureuse sensation.)

Conduirez-vous la France en deuil dans les plaines funèbres de Tarnow visiter la tombe où ils ont couché la Pologne vivante ? Ferez-vous refluer jusqu'aux trônes des assassins les torrents et les fleuves qui roulent le sang des martyrs de la Gallicie ? (Bravos prolongés.)

Rien ! rien ! rien !

En vain je cherche parmi vous les penseurs, les hommes d'Etat, les orateurs de la régénération sociale ; en vain je cherche parmi vous les apôtres et les soldats de la liberté ! J'y vois des avocats, grands embrouilleurs d'affaires (on rit) ; des orateurs enflés comme les outres d'Eole (bravo !) ; des publicistes chevauchant à la recherche d'un portefeuille, sur une plume taillée à l'anglaise, (bravo ! bravo !) de petits agitateurs qui se croient des O'Connel, parce qu'ils font des tempêtes dans les verres de champagne de leurs banquets réformistes ; tout cela, petites coteries, petites ambitions, petites intrigues, petits grands hommes, nous vous connaissons : vous êtes passés tous par le trou d'aiguille de lord Palmerston ! (Bravos prolongés.) Vous n'êtes pas à la taille de la France ! (Tonnerre d'applaudissements.)

(Le président invite l'orateur à se reposer un instant. Une foule de convives se pressent autour de M. Ulysse Pic et lui donnent l'accolade avec la plus vive effusion. La séance est suspendue pendant dix minutes, et des colloques animés s'engagent dans tous les coins de la salle. Puis, le président réclame le silence et donne la parole à M. Ulysse Pic.)

M. ULYSSE PIC. — Messieurs, votre honorable président, en m'engageant de nouveau à prendre la parole, a compris que ma tâche n'était point finie et qu'il me restait encore à remplir un devoir qui m'est cher. Vous remercier, messieurs, du fond de mon cœur profondément ému ; vous remercier de cet accueil qui me fait de ce jour le plus beau jour de ma jeune carrière ! (Applaudissements.) Que vous dirai-je de plus ? (Parlez ! parlez !)

Vous aimez la vérité, messieurs, vous applaudissez ceux qui la cherchent avec sincérité et la disent sans détour.... Votre manifestation aura un caractère particulier entre la plupart de celles qui se font en ce moment d'un bout à l'autre du pays. Autun occupera dignement sa place à côté d'Orléans et de Chartres, dans l'histoire de ce grand mouvement politique dont nous sommes témoins !

Puisse, messieurs, s'il en est temps encore, puisse le pouvoir tenir compte de ce solennel et dernier avertissement qui lui est donné aujourd'hui ! Quand de grandes assemblées se forment, comme nous le voyons en ce moment, les gouvernements n'ont qu'à tourner les yeux de ce côté pour y trouver le thermomètre certain des sentiments publics.

Les grandes assemblées sont comme les nuages du ciel ; sereines si le jour est pur, sombres si le temps est à la tempête.

En 89, elles étaient sinistres comme l'orage ;

Sous l'Empire elles étaient radieuses comme la gloire ;

Aujourd'hui elles seraient tristes comme la honte, si la patrie, toujours pleine de foi dans ses destinées, n'y puisait le courage de convertir les douleurs publiques en espérances ! (Applaudissements prolongés.) Ces douleurs, en déroulerai-je devant vous le tableau ? Compterons-nous ensemble tous les scandales que dans ces derniers jours seulement la Providence a fait éclater sur notre tête, comme elle fait éclater les orages pour combler la mesure des fleuves ? (Bravo ! bravo !)

Voici qu'un vent sinistre s'est levé et a soufflé sur les plus hautes cîmes ! Voyez de toutes parts les sceptres trembler comme les feuilles d'automne, et au milieu de nous s'écrouler les vieux prestiges et les vieilles grandeurs ! Ministres, magistrats suprêmes, pairs sous l'épaulette et sous l'hermine, comtes et ducs de race presque royale, quelles chutes et quelles leçons ! C'est en plein sénat que tombe la foudre ! (Bravo ! bravo !) Les citoyens consternés se demandent avec anxiété ce que feront les pères conscrits. Quant à moi, messieurs, j'imagine que devant de pareils augures le sénat romain se fût fait apporter le bain tiède de Sénèque, et que l'assemblée épouvantée, s'ouvrant les veines, eût fait une libation expiatoire de son sang aux dieux irrités de la patrie! (Bravos prolongés, vive sensation.)

Vous peindrai-je, après tant d'autres plus éloquents que moi, la lâcheté et l'immoralité érigées en système; le trésor en des mains avides et corrompues; la fortune publique livrée aux juifs, les emplois et les faveurs données en prime à la vénalité politique; la croix impériale prostituée aux voleurs et aux renégats; le ruban rouge ne servant plus, comme disait ce pauvre Tillier, qu'à mettre une pièce aux réputations trouées; le champ électoral transformé en un bazar où l'on escompte les voix et les consciences; partout le pouvoir s'efforçant d'arrêter par l'intimidation l'explosion de l'opinion publique, excitant les rivalités et les discordes, ne régnant que par la corruption qu'il répand et par la peur qu'il inspire, et rappelant ainsi les plus mauvais gouvernements des plus mauvais jours? (Très bien! très bien! c'est cela.)

Certes, messieurs, ce sont là de grandes misères, mais ce ne sont pas les plus douloureuses de toutes. Rubans, emplois, faveurs, escomptes de places et de cordons, tout cela se passe après tout entre quelques milliers de privilégiés qui y trouvent leur compte, comme à un commerce qui les fait vivre; mais le travailleur, mais ces vingt-cinq millions de prolétaires (car il y a vingt-cinq millions de prolétaires dans notre belle France, messieurs, on ne compte pas assez cela) où sont leurs profits à eux? A-t-on songé du moins à leur ménager une part dans la curée dont ils font en définitive tous les frais?

Hélas! le travailleur reste immuable dans sa pauvreté et dans sa servitude; son privilége à lui, c'est l'inamovibilité de la misère. (Applaudissements.)

Cette société qu'il fait vivre, qu'il engraisse de ses sueurs, qui n'a pas une jouissance qu'elle ne lui doive, cette société dont il est la richesse vivante, il en est exclu. Sur nos places publiques, pas une merveille ne s'étale dont il ne soit le sublime ouvrier. Ces colonnes qui portent au ciel le témoignage de notre gloire, il les a scellées de son sang. (Applaudissements.) Et cependant il passe au pied de toutes ces grandeurs, solitaire et oublié ! Si quelques lettres d'or gravées çà et là sur les monuments qui recouvrent les os de ses frères martyrs, lui font l'aumône d'un peu de gloire, cette gloire qui le laisse mourir de faim, n'est-elle pas une dérision de plus ? (Bravos prolongés.)

Et chose inouïe, messieurs ! Quand nos gouvernants montent à la tribune ou prennent la parole dans la presse, pour défendre et glorifier le privilége qui leur confère la gestion des affaires publiques, savez – vous comment ils démontrent la grandeur et la fécondité de leur règne ? Par les travaux qu'ils ont accomplis, par leurs œuvres industrielles, par ces canaux où coule la richesse, par ces voies ailées qui couvrent le sol. « Voilà nos œuvres, » nous disent-ils.

Vos œuvres, ô illustres fainéants ? (Hilarité.) Ah ! ce sera donc toujours l'éternelle histoire des oiseaux de Virgile ! Où sont les pierres qui ont gardé l'empreinte de vos sueurs, où sont les sillons où vos pas ont laissé leur trace ? Combien de temps avez – vous porté le poids du jour ? Quels sont ceux de vos fils qui ont payé leur tribut à la corvée ? Quel atelier vous a vus forger le fer et fondre le cuivre ? Montrez-nous vos bras noircis par la fumée, vos visages pâlis par le jeûne et vos cheveux tombés avant l'heure, comme les feuilles au vent d'hiver ! (Applaudissements prolongés.)

Vos œuvres ! agioteurs, traitants, princes de la banqueroute et de la commandite, chevaliers de la concussion et du vol, pillards à tous les degrés de l'échelle, ai – je besoin de faire votre bilan ? Qu'on le demande aux cours d'assises ! (Bravo ! bravo ! Sensation prolongée.)

Voilà, messieurs, quelle est la situation intérieure du pays. Voilà comment les parts sont faites entre les privilégiés d'un côté et les travailleurs de l'autre, dans cette constitution sociale qui aliène entre les mains d'un petit nombre le capital collectif, la richesse publique et la souveraineté de la nation. Et l'on prétendrait affermir, *conserver* une constitution sur de pareilles bases ! Autant vaudrait prétendre bâtir un monde sur les flots mouvants de la mer ! (Applaudissements.)

J'insiste, messieurs, sur cette situation : elle est d'une gravité suprême. Si on ne s'empresse de lui creuser un lit où elle puisse écouler en paix ses torrents, la démocratie escaladera les bastilles ! (Bravo ! bravo !)

Qui ne s'aperçoit que les classes inférieures sont aujourd'hui, vis-à-vis de la bourgeoisie, dans la position où étaient nos pères vis-à-vis de la noblesse en 89 ?

Que revendiquait la noblesse en 89 ? Les priviléges de la naissance. Nos pères se levèrent, et au nom de la liberté et de l'égalité, ils firent cette révolution terrible qui bouleversa les fondements du vieux monde. Un demi-siècle s'est écoulé, et la bourgeoisie, après avoir conquis la liberté du travail, s'est constituée à son tour en aristocratie financière et industrielle, et de même que l'aristocratie de la race disait : « Que tout soit par la naissance, » l'aristocratie de l'argent dit aujourd'hui : « Que tout soit par la fortune ! » (Oui ! oui ! c'est cela !)

Il est vrai que les enrichis de nouvelle date montrent naïvement leur exemple à ceux de leurs frères qui sont demeurés en chemin. « Voyez, disent-ils au travailleur, imitez-nous ! Nous travaillons depuis dix ans, et aujourd'hui nous possédons un avoir honnête; faites comme nous. »

Oh ! rien de plus sacré, messieurs, que la jouissance des fruits du travail ! Qu'à certaine heure l'homme s'arrête et se repose sous l'ombrage que firent prospérer ses labeurs, rien de plus légitime; on ne fera jamais de révolution contre un pareil droit, il est trop profondément gravé dans la conscience humaine. (Très bien ! très bien !)

Mais ceux qui convient l'ouvrier à les imiter songent-ils qu'ils parlent à vingt-cinq millions de prolétaires, venus pour ainsi dire au monde derrière la borne ? Songent-ils que ceux-là n'ont trouvé en venant à la vie ni capital ni instruments de travail; que ce dénûment les livre dès le premier jour à la merci d'un salaire irrégulier et insuffisant; — à la merci des maladies qui en un mois ravissent à l'ouvrier le fruit des sueurs

d'une année ; — à la merci de l'usure ; — à la merci du
recrutement, qui use dans des travaux stériles les meil-
leurs jours de leur jeunesse ; — à la merci enfin de tous les
fléaux de la terre et du ciel. (Oui ! oui ! très bien ! très
bien !)

Et vous qui, en arrivant au monde, avez trouvé
l'ombrage à moitié venu, et le bœuf au sillon, vous dites
au pauvre travailleur : « Fais comme nous ! »

Messieurs, écoutez cette parabole d'un poëte allemand :

« Un chêne étalait son riche feuillage dans la plaine ;
» les soins du laboureur avaient protégé sa jeunesse ; il
» était le favori du soleil et de la rosée. Près de lui, une
» tige plantée sur un rocher ingrat, languissait pâle et
» flétrie, et le chêne orgueilleux lui disait : — Que ne
» pousse-tu comme moi des rameaux verts ? — Hélas !
» répondait la pauvre tige délaissée, si j'étais née comme
» toi, dans la plaine fertile, je serais florissante et fière
» et j'élèverais mes rameaux verts sous le soleil ! »
(Applaudissements.)

Ainsi le travailleur vous répond : donnez-moi des
conditions égales et des chances pareilles ! — Oui, messieurs, des conditions égales et des chances pareilles,
c'est là ce que nous réclamons. C'est que l'Etat, qui est
le père de la famille, nous traite tous comme ses fils ;
c'est que chacun, dès l'origine, trouve à sa portée un
capital et des instruments, afin que la hiérarchie sociale
s'établisse dans l'avenir, non plus selon les caprices du
hasard et de la naissance, mais selon les droits impres-
criptibles de l'intelligence et du travail. (Très bien !
très bien ! c'est cela.)

Voilà, messieurs, la voie où il faut entrer franchement,
et cette voie elle ne peut s'ouvrir que par l'avénement
de la nation à la direction de ses affaires.

Siéyès, que citait tout-à-l'heure un des orateurs de ce
banquet, a dit : « On ne fera rien tant qu'on voudra
» commencer l'édifice par les toits au lieu de le poser sur
» ses fondements naturels, l'élection libre du peuple. »

Telle est la première et pressante réforme, tel doit être
le véritable et solide point de départ du progrès social.
Et ici, messieurs, j'éprouve le besoin de vous le dire ;

Ne vous laissez pas effrayer par les déclamations qui s'efforcent de calomnier ce grand et magnifique principe de la souveraineté du peuple. Son énonciation seule soulève, je le sais, les plus étranges rumeurs; il éveille dans les esprits des idées extravagantes, fantastiques. Ceux qui ont intérêt à exploiter des frayeurs puériles ne manquent jamais de faire apparaître à ce nom du peuple les tableaux les plus sinistres. Ils évoquent les haillons, les bras nus, la faim à l'œil hagard. Le bourgeois effaré se croit menacé de la spoliation et de la guillotine. Pour lui la souveraineté du peuple, c'est la substitution brutale de ceux qui ne possèdent pas à ceux qui possèdent, l'intervertissement des *rôles,* le temps qui doit inaugurer

La grande populace et la sainte canaille

comme dit le poète.

Est-ce dans vos esprits éclairés, messieurs, est-ce dans vos consciences droites, que j'aurais à combattre d'aussi stupides préjugés? Ah! il faut le relever ce grand nom du peuple de la signification étroite et incomplète qu'on voudrait lui donner! Le peuple, c'est nous tous, c'est vous, c'est moi, qui que nous soyons, grands seigneurs ou prolétaires, artistes, travailleurs de la pierre ou de la pensée; c'est la grande famille agricole, c'est la grande famille industrielle dans toutes leurs branches, dans toutes leurs ramifications; le peuple, c'est la nation! (Bravo! bravo!) Souveraineté nationale, souveraineté populaire, tout cela est synonyme. Pas d'hypocrisie! (Bravo! bravo!) Depuis le duc et pair jusqu'au mendiant qui tend la main sur la place publique, voilà la nation, voilà le peuple! (Applaudissements prolongés.) La définition n'est pas neuve, messieurs, je l'emprunte à Guy-Coquille, notre député nivernais aux états de Blois.

Sous le règne de l'auguste souveraineté du peuple, la lèpre de la mendicité et du prolétariat disparaîtra; et quand aux ducs et pairs, s'il en reste (rires), nous n'aurons plus que les ducs et pairs de l'intelligence, du travail et de la probité. Parmi ceux-là du moins il n'y aura ni escrocs, ni assassins. (Sensation.)

Avec la souveraineté du peuple, nous organiserons le travail, et avec cette organisation qui à elle seule comprend pour ainsi dire tous les progrès possibles, l'humanité entrera dans la voie de ses glorieuses destinées, la concorde reviendra parmi nous et l'évangélique fraternité unira sous ses ailes fécondes tous les membres de la grande famille. Sûr alors d'un abri protecteur et d'un foyer paisible, élevé par une éducation tutélaire à la dignité de citoyen, le travailleur dépouillera la livrée de la misère pour venir prendre au banquet commun la place que lui auront marquée ses labeurs et ses vertus. (Très bien! très bien!) Que personne ne craigne de se voir ravir sa part de jouissance et de richesses; l'époque qui doit ouvrir l'avénement des déshérités ne déshéritera personne! (Bravo! bravo!) Il y a place pour tous sous le soleil! (Applaudissements prolongés.)

De même que Dieu a versé dans les flancs de la femme assez de lait pour suffire à tous ses nourrissons, de même il a fait à la terre des mamelles assez fécondes pour que tous ses fils puissent s'y abreuver ensemble sans les tarir! (Oui! oui! Bravos prolongés.)

Telle est, messieurs, la foi de la démocratie.

Donc je me résume et je dis qu'il faut y songer : le peuple réclame ses droits. Si l'on ne se hâte de satisfaire à ces vœux impérieux, à défaut de parlements qui lui viennent en aide, il fera lui-même ses Etats généraux; et trente millions de citoyens renouvelant le serment des aïeux, jureront, les mains vers le ciel, de ne pas se séparer avant d'avoir accompli la rédemption des misères publiques!

Le peuple se couronnera lui-même de sa souveraineté! (Bravo! bravo!)

J'achève, messieurs : je viens de dérouler devant vous de tristes tableaux mais aussi de radieuses espérances. J'ai une foi fervente en leur réalisation. Non, la corruption ne prévaudra pas contre la vérité qui vient de Dieu! (Applaudissements.)

Sans doute les scandales nous débordent et montent pour ainsi dire par-dessus les toits et les monuments; sans doute la France est affreusement démoralisée, mais elle le sait. Les esprits et les cœurs sont tombés dans un abaissement profond, chacun se sent atteint du mal funeste ; mais grâces à Dieu, cette conscience même nous relève, demain un effort suprême nous aura purifiés et absous. Et voilà par où seront toujours déjoués en France les complots formés contre nos mœurs publiques. Jamais on ne nous infusera la corruption à un degré tel que le pays y perde le sentiment de la dégradation qu'on lui prépare, et que l'ivresse comprime au fond de son âme les secrètes révoltes de la pudeur nationale. Là est le salut ! Les généreux et indestructibles instincts que Dieu a mis au cœur de la France sauvegardent l'avenir. (Oui ! oui ! très bien.)

Mais la route qui mène à l'avenir est parfois bien rude, messieurs ; qui sait par quelles luttes nous aurons à conquérir nos destinées !.. Quelles qu'elles soient, quelles nous trouvent toujours debout et vigilants !

Messieurs, souvenons-nous des aïeux ; que leur exemple nous soutienne et nous fortifie ! Les captifs des rives de l'Euphrate entretenaient dans leur cœur l'amour de la patrie, en chantant les hymnes du foyer absent. Nous aussi, nous sommes exilés et captifs....... captifs dans l'inaction, exilés dans la honte........ (Bravo ! bravo !) Entretenons dans nos cœurs le saint amour de la patrie en relisant les travaux de nos pères, c'est là le meilleur apprentissage que nous puissions faire de la délivrance et de la liberté ! (Triple salve d'applaudissements.)

Ce discours a fermé la séance, et l'assemblée s'est séparée au milieu d'une vive émotion. Une foule de convives se sont inscrits spontanément pour offrir le lendemain un banquet fraternel à M. Ulysse Pic. Dans cette fête toute d'intimité, M. Ulysse Pic a proposé une quête au profit des familles des détenus politiques. Le produit en a été envoyé à M. Julien Duchesne, rédacteur en chef du *Patriote de Saône-et-Loire*, pour être transmis à sa destination.

APPRÉCIATION

DE M. DE LAMARTINE.

LETTRE AU BIEN PUBLIC.

Si le discours de M. Ulysse Pic a soulevé dans la presse des clameurs intéressées et dictées par les plus viles rancunes, il a eu aussi les honneurs d'une réfutation calme et grave. M. DE LAMARTINE, dans son journal de Mâcon, lui a consacré un long article où l'on reconnaît aisément, dès les premières lignes, l'empreinte brillante et facile du plus grand écrivain et du plus grand orateur de notre temps.

Voici un fragment de cette appréciation élevée :

« La politique est une religion qui a ses professions de
» foi, ses hérésies et ses schismes comme les autres
» cultes. Nous sommes de la foi de Mirabeau, de Ver-
» gniaud, de Lanjuinais, de Sieyès, de Lafayette, mais
» nous ne sommes pas du schisme de *Camille Desmoulins.*

» Ce nom de *Camille Desmoulins* tombe naturellement
» de notre plume, parce que nous lisons dans le recueil
» des harangues du banquet d'Autun, un discours qui
» nous a rappelé la forme, la verve, l'âpreté mordante,
» le talent pittoresque et quelquefois l'éloquence classi-
» que du jeune écrivain révolutionnaire. Qu'on ait ap-
» plaudi un pareil discours, séduits par les vives étincelles
» d'un esprit facile, original et pétillant, nous le com-
» prenons, *mais......* »

Ici M. DE LAMARTINE se livre avec beaucoup de sévérité à l'examen des doctrines de l'orateur, qu'il accuse très nettement de communisme. L'éloquent critique croit reconnaître dans ce discours des idées qui se produisirent en 93 dans quelques clubs et furent répudiées par Danton et Robespierre lui-même. M. Ulysse Pic a dû s'empresser d'écrire le lendemain au *Bien Public* la lettre suivante, destinée à faire cesser un si grave malentendu :

Autun, le 14 novembre 1847.

Monsieur,

Les Commissaires du Banquet d'Autun et ses convives ont pu dédaigner jusqu'ici les railleries ridicules et les calomnies intéressées dont ils ont été l'objet dans la presse et ailleurs, mais il ne leur est pas permis de rester indifférents aux attaques dirigées par M. Lamartine contre leur manifestation et contre leurs personnes. L'importance de l'homme éminent qui inspire le *Bien Public*, son magnifique talent et l'incontestable loyauté de sa parole donnent à ces attaques une haute gravité, et il est nécessaire qu'elles ne passent point sans protestation. C'est à moi surtout qu'appartient ce soin, monsieur, puisque c'est mon discours qui a eu l'heureux malheur d'attirer sur la ville d'Autun ces foudres illustres. L'article de M. Lamartine, je m'empresse de le reconnaître, me fait à certains points de vue une part infiniment bienveillante, et j'ai besoin, pour n'en pas éprouver quelque orgueil, d'avoir un profond sentiment de mon humilité politique et littéraire. Mais, croyez-le bien, monsieur, j'aurais le droit d'accepter les éloges prodigués à mon modeste discours, que je ne me tiendrais pas pour dédommagé de l'amertume avec laquelle on s'exprime sur mes sentiments et sur mes doctrines. Je tiens plus à la gloire du cœur qu'à celle de l'esprit, et je ne saurais boire l'injustice même dans une coupe d'or. J'ai dit « l'injustice. » Pardonnez-moi ce mot, monsieur, je serais désolé, quelque blessé que je puisse être, de sortir des convenances dont l'article agresseur me donne lui-même l'exemple. Mais il ne me serait pas possible de qualifier autrement le jugement porté contre moi et contre mes honorables amis, et j'espère que tout-à-l'heure vous le reconnaîtrez vous-même avec votre impartialité accoutumée. Cette injustice, pure de tout calcul, me paraît tenir, du reste, à une irréflexion, à une précipitation trop ordinaire dans les luttes de la presse, car l'attaque dirigée contre mon discours repose presque tout entière sur deux confusions qu'il m'est facile d'établir :

Ainsi, après avoir reproduit le passage où j'expose « qu'il faut que, dès l'origine, chacun trouve à sa portée » un capital et des instruments de travail, » vous me faites dire brusquement et tout d'une haleine, comme si je posais la conclusion de ces prémisses :

« Voilà la première et pressante réforme, voilà le » véritable point de départ du progrès social. »

Or, monsieur, si vous voulez prendre la peine d'y regarder de plus près, vous découvrirez l'omission d'un passage qui donne à ces dernières paroles une portée toute différente ; vous découvrirez qu'après avoir stipulé les droits de chaque citoyen à la possession d'un capital et d'instruments de travail, je continue en ces termes :

« Siéyès a dit : On ne fera rien tant qu'on voudra » commencer l'édifice par les toits, au lieu de le poser » sur ses fondements naturels, l'*élection libre des peuples.* « *Telle est* la première et pressante réforme, tel doit être » le point de départ du progrès social ! »

Le suffrage universel, l'avénement de tous les citoyens à la direction des affaires publiques par la libre élection de leurs mandataires, voilà, monsieur, ce que j'ai recommandé « comme la première et pressante réforme, comme le point de départ du progrès social, » et nullement l'abolition de la propriété et de l'hérédité de la propriété, comme vous me le faites dire gratuitement. Or, en fait de suffrage universel, je suis d'accord, si je ne m'abuse, avec M. de Lamartine.

Ce qu'il nous importe surtout d'appeler de tous nos efforts, et de conquérir le plus tôt possible, c'est l'avénement d'un pouvoir bienveillant. Non pas un pouvoir qui fonde sa force sur la division des intérêts et qui soit l'expression de telle ou telle classe, mais un pouvoir national, c'est-à-dire populaire, libre et complète manifestation de la volonté commune et de l'intérêt commun.

Confiée en ces mains paternelles, la liberté déroulera la chaîne infinie de ses merveilles et de ses bienfaits. L'attente sera longue, sans doute; nous le savons, mais nul de nous n'a la folie de songer à faire fléchir par la violence les lois éternelles que Dieu a imposées au développement du progrès humain.

Je le répète donc, Monsieur, l'avénement d'un pouvoir bienveillant, voilà à mes yeux la première et pressante réforme. Ensuite nous expérimenterons les systèmes dans la mesure permise, avec toute la prudence nécessaire pour que l'ordre social n'en éprouve ni perturbation ni secousses, et l'humanité cherchera ainsi la voie de ses destinées en s'éclairant de la double lumière de la vérité et de l'amour.

Par une confusion non moins déplorable et qui m'a, je l'avoue, monsieur, vivement affligé, vous établissez que tous ceux qui possèdent, les bourgeois du sol, du commerce, de l'industrie, ont été qualifiés dans mon discours « d'agioteurs, de traitants, de pillards à tous les degrés de l'échelle. » Je vous supplie de prendre garde que je n'ai pas dit un seul mot de tout cela. Dans un passage où je fais allusion aux infâmes scandales, aux concussions, aux dilapidations des agents de tout ordre, depuis les ministres jusqu'aux préposés à l'avoine officielle, qui sont venues se révéler sur les bancs de la cour d'assises et des pairs, je me suis laissé aller à un mouvement dont l'improvisation explique la vivacité. J'ai interpellé les agioteurs, les traitants, les chevaliers de la concussion, de la banqueroute et de la commandite, les pillards à tous les degrés de l'échelle, depuis Teste jusqu'à Bénier; mais pouvez-vous penser que j'aie voulu étendre jusqu'à tous les membres de la famille agricole et industrielle, jusqu'à tous mes auditeurs, la solidarité des crimes de quelques individus? Ah! monsieur, je vis, Dieu merci, parmi les humains; *à tous les degrés de l'échelle* j'ai encore des amis à respecter, et au foyer paternel, dans la demeure *héréditaire*, un père et une mère à bénir.

Je professe, et je l'ai déclaré à ce même banquet, que les institutions seules font ici-bas les crimes et les ver-

tus ; je crois avec ferveur à la dignité native, à la pureté
originelle de l'homme, et ce sera toujours assez de cette
foi, monsieur, pour arrêter le blasphême sur mes lèvres
et la haine dans mon cœur.

Vous m'appelez *communiste*. Je vous déclare que je ne
connais point cette doctrine. Depuis que votre article a
paru, j'ai voulu l'étudier. J'en ai lu rapidement l'expo-
sition, mais non pas avec assez de maturité pour hasar-
der sur cette grande question une appréciation sérieuse.
Tout ce que je puis dire, c'est que cette lecture m'a
inspiré jusqu'à présent une très grande estime et un très
grand respect pour le caractère et le dévouement du
fondateur Icarien. Toutefois, je sais assez de *Communisme*
pour vous affirmer que mes doctrines et celles de M. Cabet
diffèrent essentiellement sur un point fondamental.
M. Cabet réclame l'égale répartition de la richesse entre
tous les membres de la communauté, et il me paraît
méconnaître ainsi la volonté de Dieu qui a mis l'inégalité
partout, entre les soleils comme entre les épis des
champs.

La loi divine ayant fait à chaque individu des conditions intellectuelles et physiques différentes, n'a pas pu
vouloir que la loi humaine courbât tous les hommes sous
un niveau commun. Les tempéraments et les intelli-
gences devant se développer dans des conditions diverses,
il me paraît que de cette diversité même doit découler
l'inégalité dans les positions sociales. Telle est ma foi, et
j'y persisterai jusqu'à preuves meilleures, car je n'ai pas
la prétention d'avoir découvert la dernière formule du
progrès humain, et je tiens mon esprit ouvert à toute
lumière nouvelle et mon cœur à toute divine inspiration.
Jusqu'à présent je ne décrète point l'abolition de la propriété individuelle. Seulement, faisant une légère mo-
dification au viel axiôme, la propriété est pour moi le
jus utendi, le droit d'user, mais non pas le *jus abutendi*,
le droit d'abuser. La propriété ainsi comprise me paraît
digne du respect de tous. Ce respect, dont nul n'est plus
pénétré que moi, m'a conseillé les paroles suivantes qui
vous ont échappé dans la précipitation de la critique :

« Rien de plus sacré, messieurs, que la jouissance des

» fruits du travail ? Qu'à certaine heure, l'homme s'ar-
» rête et se repose sous l'ombrage que firent prospérer
» ses labeurs, rien de plus légitime ; *on ne fera jamais*
» *de révolution contre un pareil droit ;* il est trop profon-
» dément gravé dans la conscience humaine ! »

Vous voyez bien, monsieur, que vous vous êtes trompé. Vous avez fait un peu comme ceux qui accusent M. Lamartine de communisme, assurément parce qu'ils l'ont mal lu ou mal compris.

Un mot encore, si vous voulez bien le permettre. Votre article dit :

« La statistique du banquet d'Autun est aussi fausse
» que ces doctrines......... Il y a en France 30 millions
» de propriétaires....... Il n'est personne qui ne possède
» quelque chose........ »

Entendons-nous, je vous prie : Les statistiques officielles constatent qu'il y a en France huit millions de mendiants. C'est l'avant-garde du prolétariat. Mais ces mendiants, vous les décorez du nom de propriétaires, sous prétexte qu'il n'y a, dites-vous, personne qui ne possède une propriété quelque minime qu'elle soit. Certainement, monsieur, le mendiant est propriétaire (et encore, propriétaire contestable) du bâton qu'il a coupé dans la haie voisine, de sa besace vide et de son chien. Ils sont huit millions comme cela, et je ne doute pas qu'ils ne soient très reconnaissants du soin que vous mettez à leur garantir cette propriété et le droit de la transmettre à leurs enfants. Il y a aussi dix millions de prolétaires condamnés à payer le loyer d'un toit étranger, le foyer où ils brûlent un feu avare, la table où ils mangent le pain de leurs sueurs. Leur propriété la plus nette est leur pipe, leurs sabots, leurs bretelles et le bois de leur lit ; le reste paie ordinairement le terme. Je ne doute pas non plus qu'ils ne soient très jaloux du droit d'*us* et *abus* sur toutes ces richesses ; mais je crois qu'ils en feraient volontiers le sacrifice en échange d'une protection tutélaire qui leur garantirait un foyer décent, une table suffisante, un asile pour leurs vieux jours, et pour les enfants de leurs entrailles la bienveillante sollicitude de l'Etat.

Sauf ces légères différences entre nous, monsieur, vous voyez que je ne suis point l'affreux démolisseur dont M. Lamartine a tracé le portrait, et j'espère qu'effaçant un présage funèbre, il me dispensera d'être guillotiné par Robespierre et Danton. Les citoyens réunis au banquet d'Autun, en m'écoutant et daignant m'applaudir, ne se sont point associés à un blasphème. Ils étaient là tous des hommes graves, sévères, propriétaires et électeurs, et aucun d'eux ne s'est senti en péril. C'est là un des priviléges de ces communions fraternelles de dégager, comme par une étincelle électrique, l'impérissable sentiment du juste et du vrai que Dieu a déposé au fond de la conscience humaine et contre lequel ne prévaudront jamais les hypocrisies de l'égoïsme et les préjugés éphémères de l'orgueil.

J'ai l'honneur, etc.   ULYSSE PIC.

M. DUVERGIER DE HAURANNE,

A VOL D'OISEAU.

La tribune des banquets réformistes n'avait pas encore entendu un langage aussi hardi que celui d'Autun. Le *Siècle* et le *Constitutionnel*, dissimulant leur impuissance derrière de misérables questions personnelles, ont jugé prudent de supprimer complètement le discours de M. Ulysse Pic sous prétexte que cet écrivain avait appartenu en d'autres temps à l'opinion conservatrice. Nous publions les deux lettres que M. Ulysse Pic a dû écrire aux deux journaux de la gauche, et qu'il a été obligé de faire signifier par huissier après s'être vainement adressé à l'impartialité de ses adversaires. Il n'est pas difficile de reconnaître dans les attaques dont M. Ulysse Pic a été l'objet, les aigres rancunes d'un de ces petits grands hommes que l'orateur a flagellés au banquet d'Autun. La Mouche du coche réformiste, M. Duvergier de Hauranne, avait été vivement blessé des leçons qu'en mainte circonstance M. Ulysse Pic, rédacteur de *l'Union libérale,* avait données à sa vanité, et les articles du *Constitutionnel* et du *Siècle* sont sortis de ces ressentiments. Il est bon de le signaler. Et que prouvent du reste ces articles? Est-ce à M. Duvergier de Hauranne, « l'ouvrier de la douzième heure », le récent converti, l'ancien souteneur des lois de septembre et des bastilles, de jeter la pierre aux conversions? Il est vrai qu'il s'agit ici *de conversions désintéressées* et que M. Duvergier de Hauranne, l'homme à la plume anglaise, ne s'est jeté dans le mouvement réformiste qu'en désespoir de cause, et résolu de faire arriver à tout prix un ministère qui seul peut lui conserver sa députation de Sancerre très sérieusement menacée par M. de Montalivet. Ah ! que M. Ulysse Pic était un homme digne d'estime, de poignées de mains et de caresses, quand M. Duvergier de Hauranne le sollicitait de venir à Cosne soutenir une candidature protégée par le centre gauche ! Ah ! que M. Ulysse Pic était un homme qu'il fallait honorer pour sa courageuse retraite de Lyon, tant que M. Duvergier de Hauranne put espérer de faire du jeune écrivain un apologiste complaisant ! Est-ce que M. Duvergier de Hauranne ne savait pas que M. Ulysse Pic avait été ministériel quand il le conviait à dîner à son château, et que le promenant dans le parc d'Herry, il lui déroulait les brillantes perspectives du centre gauche? Est-ce que M. Ulysse Pic n'avait pas été ministériel quand M. Duvergier de Hauranne l'appelait dans le *Constitutionnel* un *homme de fierté et de courage?* M. Ulysse Pic alors était honoré précisément parce qu'il avait été ministériel et qu'il avait eu le courage de sacrifier, pour ne plus l'être, une position brillante et de hautes amitiés.

Mais il arriva que malgré dîners, caresses, promenades dans le parc d'Herry et flagorneries dans le *Constitutionnel,* M. Ulysse Pic refusa nettement de reproduire dans *l'Union libérale* la brochure de M. Duvergier de Hauranne sur la réforme électorale, dont celui-ci avait eu la précaution de lui expédier une épreuve. — Il arriva que malgré dîners, caresses, promenades dans le parc d'Herry et flagorneries dans le *Constitutionnel*, M. Ulysse Pic, non-seulement fit cela, mais encore s'opposa énergiquement à ce que certain bossu, nommé Wagnien, fit passer dans *l'Union libérale* un article consacré à l'apologie de la brochure de M. Duvergier. Il arriva de plus que M. Ulysse Pic écrivit à M. Duvergier : « Monsieur, » je vous honore, je vous révère, mais cette raison n'est » pas suffisante pour que je consente soit à faire, soit à » accueillir le compte-rendu d'un ouvrage qui me paraît » incomplet, dangereux, et rempli d'hérésies politiques » et sociales. Je n'en relèverai qu'un exemple : Vous » constatez quelque part que la révolution de juillet a » été faite au profit de la bourgeoisie et vous dites plus » loin que la grave question, aujourd'hui, c'est de *con-* » *server la révolution de juillet.* Or moi, monsieur, qui » veux qu'on fasse les révolutions au profit *de tous et* » *non au profit d'une classe,* je n'accepterai ni ne ferai » l'éloge de votre livre. »

Le bossu en question fit l'impossible pour obtenir que M. Ulysse Pic voulut bien se relâcher de cette sévérité. M. Ulysse Pic fut inexorable. Il autorisa bien le bossu, qui paraissait y tenir autant qu'à la vie, à glisser çà et là quelques petites réclames fort inodores pour l'ouvrage en question, mais de compte-rendu point. *Indè iræ!* de là les fureurs. M. Ulysse Pic n'est plus qu'un brouillon, un insensé et un renégat. C'est M. Duvergier de Hauranne qui le déclare dans le *Constitutionnel.*

Mais puisque ce personnage s'avise de faire le portrait des autres, ne pourrions-nous pas un peu faire le sien ?

M. Duvergier de Hauranne est sans contredit le plus petit des grands hommes de la pléïade Thiers-Barrot. Il passe les six premiers mois de l'année à improviser, à grands coups de journaux anglais, les deux discours qu'il prononce dans les six derniers.

Il vise à la malice, il cherche le trait... L'épigramme dont il arme sa phrase ressemble à ces flèches de papier que les enfants mettent à la queue des mouches. On les regarde passer et l'on rit, et elles ne font pas d'autre mal à personne. Quant à lui, il s'imagine avoir gagné une grande bataille, et à peine a-t-il achevé qu'il recommence de préparer ses queues de mouches pour l'année suivante : il est le polémiste ordinaire du *Constitutionnel*. C'est lui entre autres qui a fait au *Constitutionnel* cette réputation proverbiale d'esprit fin et délicat qui caractérise le vénérable jocrisse de la rue Montmartre. Je l'appelais tout-à-l'heure « la Mouche du coche réformiste. » C'est M. Thiers qui l'a baptisé ainsi. Tous les familiers de la villa Saint-Georges savent cela. Il ne fait pas de discours ; il est malade et pour cause quand on l'appelle à Lille, mais en revanche il souffle, il pousse, il sue de loin. Il écrit à Grangier, il écrit au bossu ; il siffle l'un, il applaudit l'autre, il tourne comme un moulin le long des haies de son parc ; il apostrophe ses arbres, il fait des discours à son valet de chambre, et il s'imagine véritablement, le bonhomme, qu'il mène la réforme du fond de son château d'Herry. Ceux qui boivent sa cave le comparent à Luther pour lui faire la cour, et il le croit très gravement. C'est, somme toute, un homme mesquin, rabougri, d'intelligence difficile. Ceux qui l'ont vu à l'œuvre savent qu'il travaille péniblement. La conception entre dans ce cerveau comme le vin par un goulot étroit. On le dit assez érudit dans les choses anglaises. C'est du reste un esprit usé par les petitesses. C'est la commère du centre gauche. C'est Thiers moins le génie, l'éloquence et la bienveillance naturelle. Or, cela ôté, il reste un petit homme sec, vain, méchant, aussi envieux de ceux qui sont au-dessus de lui, — et il n'y a pas mal de besogne, — que méprisant et dédaigneux pour ceux qui sont au-dessous. La politique n'est pour lui qu'une partie jouée entre les imbéciles et les fripons, et il est sans entrailles pour la liberté. Il porte dans ses veines du sang janséniste. Prenez un janséniste, exprimez-en l'intolérance et le fiel, mettez le tout dans une étroite poitrine, à la place du cœur, vous aurez un Duvergier. Au physique et au moral, M. Duvergier de Hauranne ressemble à la définition que Platon donne de l'homme : « un coq plumé. »

***

A Monsieur le Rédacteur du *Constitutionnel*.

Attaqué par vous à propos de mon discours au banquet d'Autun, j'ai eu l'honneur de vous adresser une réponse par la voie ordinaire, me fiant à votre impartialité. Vous avez trouvé commode de mettre cette réponse sous le boisseau, espérant sans doute que l'éloignement, la difficulté et l'ennui de faire circuler le papier timbré, me feraient renoncer à cette polémique. Vous vous êtes trompé, monsieur, et vous ne savez pas à qui vous avez affaire. Hier je vous ai prié, aujourd'hui je vous requiers, demain je vous ferai un procès si je n'obtiens de vous satisfaction. Ne sachant par quel bout prendre mon discours d'Autun, il vous a paru plus simple de m'injurier par les insinuations les plus malveillantes. J'ai à vous présenter là-dessus quelques observations.

Je n'éprouve aucun embarras, monsieur, à convenir que j'ai été rédacteur d'un journal ministériel. J'avais alors vingt ans à peu près; et cela prouve incontestablement que je n'ai pas été démocrate dès le berceau. Je l'avoue volontiers, et vous pouvez en triompher à votre aise. Mais parce que je n'ai pas sucé avec le biberon le lait du *Constitutionnel* et du *National*, cela prouve-t-il que mon discours d'Autun n'apprécie pas de la manière la plus juste et la plus saine la valeur de vos patrons et la valeur de leurs réformes? Vous devriez prendre la peine de me faire cette démonstration. Ensuite je vous prierai de me dire quel rapprochement vous prétendez tirer du rapprochement de ma situation présente avec ma situation passée. Avez-vous oublié que ma démission de rédacteur en chef du *Rhône* et mes démêlés avec le préfet de Lyon, me valurent, il y a un an à peine, l'honneur d'être transformé par vous-même en un héros? Avez-vous oublié qu'à cette époque le *Constitutionnel* me décerna toutes sortes de brevets de patriotisme? J'ai vos articles d'alors sous les yeux: j'y suis appelé par vous-même un homme de fierté et de cœur; vos mains vénérables et paternelles y tressent des couronnes à ma

loyauté et à mon indépendance, et vous vous écriez :
« Cette démission prouve que M. Ulysse Pic n'était pas
fait pour le journalisme ministériel ! » D'où vient donc
que vous essayez de me faire honte aujourd'hui d'une
circonstance dont vous me faisiez hier encore tant de
gloire ? Allons, convenez-en : si j'étais passé dans votre
camp avec armes et bagages, je serais resté un grand
homme. La plume qui venait de divorcer avec les exigences des préfets, vous l'auriez bénie, si elle eût
consenti à épouser votre cause. Mais elle n'a voulu
épouser que la vérité et l'honneur. Rendu par mes
propres efforts à une liberté qu'il ne m'avait pas été
donné de saluer plus tôt, j'ai refusé de vendre ma conscience ; je me suis livré, au péril de mes intérêts person-
nels, aux libres inspirations de mon cœur, et l'homme
de fierté et de courage que vous encensiez n'a plus été
qu'un brouillon ! Voilà la logique des partis.

Eh quoi ! en effet : par ce temps de corruption et de
vénalité où les avenues du pouvoir sont pavées de réné-
gats et de transfuges qui vendent leur âme en échange
des faveurs du pouvoir, n'est-ce pas vraiment un scan-
dale que de voir un jeune écrivain marchant au rebours
de la foule, quitter la voie des honneurs et de la fortune
pour prendre celle des persécutions, des calomnies et
des cours d'assises ? Ah ! vraiment, si cet exemple deve-
nait contagieux, où les journaux des coteries trouve-
raient-ils des rédacteurs et les intrigants des compères ?
Ecrivez encore, écrivez, monsieur, que je suis un insensé.
Seulement, soyez bien convaincu que vos compliments ne
me feront jamais autant de plaisir que m'en font aujour-
d'hui vos injures, car vos injures constatent ma dignité
pour tous ceux qui savent à quelles conditions j'aurais
pu conserver vos éloges.

Laissez-moi vous remercier en même temps des soins
que vous mettez à m'associer dans vos calomnies à
M. Ferdinand Gambon. Je m'honore en effet de l'amitié
de ce jeune et courageux magistrat, et dans le pays
nivernais, sachez-le bien, l'amitié de M. F. Gambon est
un certificat de probité et de loyauté. Je n'ai pas eu
l'honneur de lui inspirer sa résolution, mais j'ai eu

l'honneur de la suivre un des premiers, et s'il me reste
un profond regret, c'est de n'en pouvoir partager avec
lui la responsabilité jusqu'au bout.

Maintenant, monsieur, voilà, je l'espère, toute affaire
personnelle vidée entre nous. Croyez-moi : renoncez à
ce terrain, prenez la question de plus haut, à un point
de vue plus digne d'un journal sérieux. Au fond de tout
ceci il y a mon discours sur la réforme électorale. Osez
le recevoir dans vos colonnes. Ce discours n'est point,
comme vous le prétendez, celui que j'ai dû prononcer à
La Charité. A La Charité, j'avais présenté un toast dont
le développement renfermait vingt-cinq lignes à peine.
Mon discours d'Autun, dont je n'ai connu le thème que
le matin même de la manifestation, a duré plus d'une
heure. Osez le soumettre à une discussion loyale et publique. C'est là que je vous attends, et je vous dirai comme
Mirabeau, sans prétendre relever par ce voisinage illus-
tre mon humble nom qui n'aspira jamais à tant d'honneur :

« Répondez, si vous le pouvez, vous calomnierez après
tant qu'il vous plaira. »

ULYSSE PIC.

————•◦•————

A Monsieur le Rédacteur du *Siècle*.

Vous empruntez l'esprit du *Constitutionnel* pour m'at-
taquer dans votre feuille. Au lieu de faire de mon discours
d'Autun une question politique, vous trouvez plus simple
d'en faire une question personnelle. Je vous adresserai
à ce sujet quelques observations :

J'ai pris la parole au banquet d'Autun, et dans le
développement d'un toast à la réforme électorale, je me
suis attaché à démontrer

1° Que cette réforme, telle qu'elle est formulée par
M. Duvergier de Hauranne et prêchée par M. Odilon
Barrot, est une duperie, parce qu'elle n'a d'autre but

3

que d'ouvrir la voie à des hommes dont le caractère bien connu et les actes passés n'attestent que la haine de la liberté ;

2° Que cette réforme est un grave danger, parce qu'elle ne tend qu'à tarifer quelques consciences pour leur donner une valeur vénale, et à introduire dans un milieu où règne la contagion de l'égoïsme, des hommes que leur incapacité légale tient heureusement à l'écart de vos marchés électoraux.

Voilà, monsieur, la thèse qui a défrayé une partie de mon très long discours, et je puis vous dire, toute modestie à part, qu'il n'est pas une phrase, pas une ligne, où je n'ai été interrompu par les bravos de l'assemblée, et que j'ai achevé ma démonstration au milieu d'une triple salve d'applaudissements.

Pensez-vous que pour *démolir* un tel succès (comme on dit dans l'argot de vos boutiques), il suffira de m'égratigner avec une plume d'oie, et de rappeler que M. Ulysse Pic fut jadis un journaliste ministériel? C'est comme si quelqu'un avait la prétention de vous contester la logique de M. Odilon Barrot, sous prétexte qu'il fut tour à tour bonapartiste et volontaire royal; qu'il reçut une charge de la munificence de Louis XVIII, qu'il accompagna *son roi* à Cherbourg en pleurant; que sa famille touche 150 mille francs du budget, etc., etc., etc.?

Oui, monsieur, oui, j'ai été conservateur. J'avais alors vingt ans, et cela prouve, comme je viens de l'écrire au *Constitutionnel,* que je n'ai pas été républicain dès le biberon. J'ai été conservateur; j'ai profité de ma jeunesse pour voyager dans les partis. Vous le savez, rien ne forme le cœur et l'esprit comme les voyages. Il est une contrée qui s'appelle le Centre gauche. J'ai aussi passé par là, mais comme je l'ai dit à Autun, je n'y ai trouvé que petites coteries, petites intrigues, petites ambitions, petits grands hommes, et j'ai continué ma route vers la liberté.

Sur cette route il n'y a ni places, ni cordons, ni faveurs à recueillir comme sur l'autre, et légère est la besace de ceux qui s'y aventurent. Il me semble, monsieur, que cela devrait suffire pour leur mériter sinon les éloges, du moins les respects de tous. Dites donc bien haut que j'ai changé, que j'ai tourné le dos à l'amitié des puissants et aux sourirs des ministres présents et futurs, vous ne sauriez me faire plus d'honneur.

Dussiez-vous vous livrer au facile plaisir de me prêter un rapprochement ambitieux, je ne finirai pas sans vous citer Cobbet, le pamphlétaire de mes études. Il fut *tory avant d'être radical.* M. de Cormenin, qui fut vicomte avant d'être le glorieux écrivain que nous connaissons, n'a pas songé un instant à faire affront à Cobbet des vicissitudes de sa vie politique. Il l'honore et s'écrie, en recommandant l'exemple du publiciste anglais, dans l'admirable *Livre des Orateurs :*

« Allez, allez toujours, pamphlétaire, si telle est votre
» destinée, il y a quelque chose au-dessus de toutes les
» récompenses et de tous les sacrifices, c'est la vérité ! »

Avec laquelle j'ai l'honneur, etc.

ULYSSE PIC.

FIN.

www.ingramcontent.com/pod-product-compliance
Lightning Source LLC
Chambersburg PA
CBHW061331050726
47595CB00005B/1873